AF295704

TRADUCTION

DE LA LETTRE

DE M. L'EVÊQUE DE S. PONS,

A NÔTRE S. PERE LE PAPE

CLEMENT XI.

TRES-SAINT PERE,

L'application avec laquelle j'étudie la Religion depuis prés de soixante ans, m'a fait voir dans tous les siecles, que les Evêques Catholiques ont tous, sans exception, regardé comme une obligation indispensable, d'être unis au Successeur de S. Pierre par une même foi, & par l'obéïssance Canonique & filiale dûë au Siege Apostolique. Que si quelqu'un étoit accusé de favoriser l'Heresie & le Schisme, & qu'il ne s'en justifiât pas autant qu'il dépendoit de lui, il devoit être traité comme étant veritablement Heretique & Schismatique, & comme un membre gâté, qui devoit être separé du chef & du corps de l'Eglise.

C'est cette obligation d'être uni au corps mistique de JESUS-CHRIST, qui fit venir à Rome dans le

A

second siecle les Aziatiques, pour y finir la dispute élevée sur le jour de la celebration de la Pâque, & qui nous a fait voir dans le troisiéme, les Evêques de France avec ceux de l'Orient, se donner des mouvemens considerables en faveur des Africains, pour les porter à s'unir au S. Siege sur la Rebaptisation.

Ce furent nos Evêques & nos Empereurs François qui dans la division celebre des Grecs & des Latins sur les questions des Images, soûtinrent la Doctrine du S. Siege que S. Gregoire le Grand avoit expliquée, comme devant être la regle des Fidéles; & Charlemagne lui-même le plus considerable de tous, obligea ses Sujets à se conformer à l'Eglise de Rome dans leurs Prieres publiques; en un mot, il n'y a point eu d'Eglise plus inviolablement unie au Siege Apostolique, ni plus attentive à sa gloire, que l'Eglise Gallicane. Que ne fit-elle point durant le grand Schisme, pour faire reconnoître le veritable Successeur de S. Pierre dans tout le Christianisme? Jamais enfans n'ont recherché avec plus d'empressement & de constance à connoître leur veritable pere, que les François firent durant plus de cinquante ans, pour obliger toutes les Nations à reconnoître le Pere commun des Fidéles: & s'il y a eu quelque fois des démêlez de Doctrine ou de Discipline, nos Predecesseurs ont suivi ce que les Basiles, les Denis, les Gregoires, les Chrysostomes, les Jerômes, les Cyrilles, & plusieurs autres grands défenseurs des verités fondamentales de nôtre Religion, ont fait en semblables occasions; c'est-à-dire, qu'ils ont eu recours au S. Siege, pour y justifier la sincerité de leur foi, lorsqu'ils n'ont pû éviter que leurs ennemis & d'autres gens, dont le zéle n'étoit ni selon la science, ni selon la charité, les rendissent suspects aux plus grands & aux plus faints Papes de l'antiquité ; ce qui arrivoit principalement lorfque quelqu'un de çes grands hommes avoit entrepris de juftifier quelques-uns de leurs Confreres.

Il eft vrai , T. S. P. & je ne dois pas craindre de vous le dire , que par un effet de la fragilité humaine , plus ces grands Pontifes ont été attentifs à maintenir la verité de nos Miftéres, la pureté de la morale Evangelique, l'exactitude de la difcipline Ecclefiaftique , plus ils paroiffent avoir été fujets à fe laiffer furprendre aux délations qu'on leur faifoit contre des innocens. Mais on voit auffi en recompenfe , qu'ils étoient plus prompts & plus faciles à reparer le tort qu'ils pouvoient avoir fait à leurs Inferieurs, en déclarant même avec une humilité qui faifoit honneur à l'élevation de leur Siege , que n'y aiant que Dieu qui ne puiffe pas être trompé, on ne doit point s'étonner que l'homme, dans quelque rang qu'il fe trouve élevé , le puiffe être par des faux expofés , & par des témoignages tout-à-fait contraires à la verité.

Auffi , T. S. P. ne trouve-t'on nulle part dans l'Hiftoire de l'Eglife, qu'aucun Pape ni aucun Concile Catholique ait refufé d'examiner, d'écouter & de verifier s'il n'y avoit point de furprife dans leurs jugemens, lorfqu'on s'en plaignoit ?

Quelle raifon en effet pourroit avoir un Juge, en quelque élevation qu'il pût être , s'il avoit été furpris dans un Jugement qu'il auroit rendu contre un innocent, de ne vouloir point connoître qu'on l'a trompé ? Mais comment pourroit-il s'en difpenfer, fur tout lorfque le condamné ignorant fon crime, demande de bonne foi qu'on le lui apprenne , & cela dans l'efprit de fe corriger , dés qu'on le lui aura fait connoître ?

D'ailleurs, **T. S. P.** l'autorité du gouvernement du Siege Apostolique consistant principalement à declarer où est l'erreur, & où elle n'est pas, à qui puis-je mieux m'adresser qu'à V. S. pour apprendre quel est mon crime, puisque c'est vôtre seule autorité qui met ma doctrine & mon innocence en problême par un jugement qui interesse tout l'ordre Episcopal, l'Eglise de France, & mon Diocésé en particulier; c'est aussi pour ce sujet que celui-ci se joint à moi, pour vous demander en quoi nous nous écartons de la saine Doctrine, la foi des Diocésains ne pouvant guere être differente de celle de leur Evêque, *Ecclesia in Episcopo.*

Y eut-il jamais d'Evêque Catholique plus humilié, ou dans une necessité plus pressante de se jetter aux pieds du Trône Apostolique, que celle où m'a mis le Bref foudroiant que V. S. a donné contre moi? Je m'en plains, **T. S. P.** avec d'autant plus de raison, qu'aiant passé une partie de ma vie à enseigner de vive voix & par écrit aux Catholiques & aux Protestans l'obligation indispensable d'obéïr au Siege Apostolique, je m'y vois condamné aussi rigoureusement, que le pourroit être un Heresiarque, sans que j'en aie pû connoître le veritable sujet, quelque diligence que j'aie pû faire pour le découvrir. Mais, Seigneur, quels sont les termes dont on se sert pour me deshonnorer! On suppose que j'ai enseigné dans mon Mandement adressé à mes Diocésains en acceptant vôtre Bulle, *des Doctrines & des Propositions fausses, scandaleuses, seditieuses, temeraires, schismatiques, erronées, sentant respectivement l'heresie, & tendant manifestement à éluder la derniere Constitution de Sa Sainteté sur l'heresie de Jansenius, par des artifices visibles.* Et quelle punition ordonne-

t'on contre moi ? *Que mon Mandement sera brûlé &*
mes Lettres aussi, avec défenses de le garder, sous peine
d'excommunication, dont personne ne pourra donner
l'absolution que le Pape ou ses Successeurs, si ce n'est en
cas de mort. Et comme si ce n'étoit pas encore
assés, *V. S. se reserve de proceder contre ma personne;*
c'est-à-dire, de me dépoſer, comme indigne du
Caractére Epiſcopal.

Seroit-il poſſible, T. S. P. que s'il y a dans mes
Ecrits condamnés des propoſitions qui méritent ces
qualifications, Vôtre Sainteté nous refuſât à mes
Diocéſains & à moi de nous le marquer, pour
nous donner lieu de nous corriger, & d'édifier
l'Egliſe par une retractation ſolemnelle ? Et ſi au
contraire il n'y en a point qui méritent aucune de
ces qualifications, ne devons-nous point être aſſu-
rés que vous nous juſtifierés vous-même dans le
public, dés qu'on vous aura fait connoître qu'on
vous a ſurpris ?

Oſerai-je parler à V. S. avec la confiance qu'un
fils parle à ſon pere ? Je ſuis par moi-même un
des hommes du monde les moins conſiderables :
cependant ſi un de mes inferieurs aiant deshonnoré
un Evêque qui a beſoin de ſa réputation pour con-
duire utilement ſon Troupeau, me demandoit con-
ſeil, je me croirois coupable ſi je ne lui ordonnois
de le juſtifier autant qu'il dépandroit de lui. Je
ne puis auſſi croire que Vôtre Sainteté qui eſt aſſiſe
ſur la Chaire de S. Pierre, pour autoriſer la morale
Evangelique, voulût nous laiſſer dans l'oprobre où
ce Bref nous a mis, ſuppoſé que nous ſoions
innocens.

Je ſçai bien, T. S. P. que V. S. n'a crû lancer
ſes foudres que contre un criminel, & contre une

Doctrine pernicieuse ; mais enfin si elle découvre qu'on l'a surprise, n'est-il pas de sa justice qu'elle nous remette dans l'état où nous étions avant son Bref ?

D'ailleurs, si je suis coupable d'avoir enseigné une mauvaise Doctrine, vôtre sollicitude Pastorale qui s'étend à toutes les Eglises, voudroit-elle les laisser dans le danger de prendre la mauvaise Doctrine pour la bonne, ou la bonne pour la mauvaise, & mon Diocése certainement dans l'erreur ? On peut bien prévenir les suites de la Doctrine erronée d'un particulier, en défendant de l'écouter & de lire ses Ouvrages ; mais le peuple ne peut se dispenser d'écouter son Pasteur, & de s'unir à sa foi durant qu'il gouverne son Troupeau ; & c'est pour cela qu'on ne manque jamais de déposer un Evêque qui s'opiniâtre dans l'Heresie.

Enfin, T. S. P. il n'est pas croiable qu'un Evêque & son Diocése vous demandant de leur faire connoître quelles sont leurs erreurs, vous veuilliés les traiter plus mal, qu'on ne traite dans les Tribunaux seculiers les plus grands scelerats, ausquels on ne refuse jamais de déclarer nettement les crimes pour lesquels on les condamne.

J'ose, T. S. P. prendre la liberté de vous dire avec un respect veritablement filial, qu'à la reserve de quelques Courtisans, le public, & principalement les gens de bien, & ceux même qui reverent le plus ce qui vient de vos Tribunaux, sont indignés des faussetés & des artifices dont on s'est servi pour surprendre vôtre Cour ; ils ne sçavent dire rien de mieux pour l'excuser, si ce n'est qu'il faut, ou qu'on ait supposé des écrits à la place des miens, ce qui pourroit paroître d'autant plus croiable, que le Titre du Bref fuppofe que j'ai écrit trois Lettres à Mr. l'Archevêque de Cambray, au lieu que je ne lui en ai écrit que dèux, ou que ceux qui ont compofé le Bref, n'étant pas peut-être affés verfés dans la langue Françoife, ont pris des propofitions faites à plaifir, qu'on leur a prefentées pour les miennes.

Il y a apparence que ce font les mêmes fur lefquelles un Evêque accredité à la Cour de France, lequel eft à prefent devant le Juge des vivans & des morts, demanda au Roy un Concile contre moi, fans avoir égard à la Loi de l'Evangile, qui ordonne qu'on avertiffe au moins deux fois fon frere avant de le dénoncer à l'Eglife, & fans s'informer fi j'avoüois ces propofitions : cependant il lui auroit été facile de voir & de fçavoir que je ne regardois point les bruits qu'on faifoit courir contre moi, ni les projets qu'on faifoit contre mon Mandement, comme quelque chofe de ferieux qui méritât mon application, tant je me croiois affuré qu'il n'y avoit rien dans mes Ecrits qui bleffât la pureté de la doctrine Evangelique, ni qui fût contraire à mes devoirs.

Ce n'eft que depuis vôtre Bref, T. S. P. que je me fuis crû obligé de me plaindre hautement de la mauvaife foi avec laquelle on en a ufé à mon égard. On a fabriqué des propofitions à plaifir, qu'on a pourtant fuppofé extraites de mon Mandement ; on en a compofé d'autres de termes épars çà & là dans mes Ecrits ; on en a tronqué quelques-unes ; il a été ajoûté & changé des termes à plufieurs autres pour les rendre mauvaifes; on a feparé prefque toutes celles dont on s'eft fervi, pour rendre fufpecte ma Doctrine, de ce qui les precede

ou de ce qui les ſuit, afin d'en tirer des conſequences contraires à leur ſens naturel. Ainſi quand je parle,
par exemple, du ſilence reſpectueux avant vôtre Bulle,
on l'applique au tems qui l'a ſuivie ; en un mot, il
n'eſt point d'artifice dont on ne ſe ſoit ſervi pour faire
voir dans mes Ecrits ce qui n'y eſt pas, & pour empê-
cher d'y voir ce qui y eſt en effet. On a ſuivi en
cela les Hereſiarques, qui pour abuſer ceux qui les en
croient, diſent hardiment, ou que leurs erreurs ſont
formellement dans l'Ecriture Sainte, ce qu'ils s'éfor-
cent de montrer en ajoûtant & en ôtant des termes
ſelon qu'il convient à leur deſſein, ou qu'on les en
peut tirer par des conſequences à leur fantaiſie.

Ce n'eſt, T. S. P. ſelon toutes les apparences,
que ſur de telles allégations ou ſuppoſitions, qu'on
peut avoir ſurpris le Bref dont je me plains ; elles
ſont ſi groſſieres & ſi honteuſes, que je n'ai pû
juſques ici en découvrir les auteurs, quelque ſoin
que je me ſois donné pour cela ; & loin d'avoir
trouvé quelqu'un qui les ait voulu avoüer, ceux qu'on
me diſoit y ajoûter foi, & auſquels je m'en ſuis
plaint, s'en ſont preſque tous offenſés.

Quoiqu'il en ſoit, T. S. P. des pretextes & des
moïens dont on s'eſt ſervi pour obtenir le Bref dont
il eſt queſtion, il faut toûjours revenir à la verité ;
il n'y a qu'à relire mes Ecrits, & en extraire fidéle-
ment les propoſitions qu'on a voulu condamner. Si
l'extrait eſt fidéle, au lieu d'y trouver des erreurs &
des marques de ma deſobéïſſance, ou d'aucun défaut
de reſpect pour la Chaire de S. Pierre, & pour Vôtre
Sainteté dans les lieux où l'on marque, on y verra
plûtôt ſans nulle contradiction ni ambiguité dans
preſque toutes les pages, ces deux choſes également
certaines : D'un côté, que je veux qu'on ait une
ſoûmiſſion

foûmiſſion de foi divine pour la condamnation des dogmes des V. Propoſitions de Janſenius ; & de l'autre, que j'accepte purement & ſimplement vôtre Bulle, même avec une étenduë plus grande que celle que V. S. y donne elle-même.

En effet, T. S. P. j'ai expliqué la foûmiſſion que la Bulle demande ſur le fait de Janſenius, par le terme de croïance, fondé ſur ma propre connoiſſance, & j'y condamne nettement ſans nulle exception tous les défenſeurs de la Doctrine & du Livre de cet Auteur. J'y exige encore une vraie foûmiſſion de cœur & de bouche ſur l'attribution des V. Propoſitions à ce Livre, & je l'exige non feulement de ceux qui ne peuvent pas juger du ſens du Livre par eux-mêmes, mais encore de ceux qui en peuvent juger. Je prouve que les uns doivent foûmettre leur doute ſur le fait aux lumieres de l'Egliſe, & les autres leur prétenduë évidence du contraire de la déciſion, m'offrant même de faire voir à ces derniers qu'ils ſe trompent, je les exhorte de me venir trouver pour cela ; & c'eſt dans ce deſſein que j'ai fait & mis au bas de mon Mandement un extrait des termes équivoques dont le Livre de Janſenius eſt rempli, voulant par là les convaincre qu'ils ne peuvent avoir cette prétenduë évidence. Enfin, T. S. P. j'ai dit & redit dans mon Mandement que le ſilence qui avoit été utile du tems des XXIII. Evêques pour procurer la paix, eſt à preſent condamné legitimement par vôtre Bulle, & par les raiſons mêmes qui y ſont contenuës, & j'ai répondu à toutes les objections qu'on eut pû me faire là-deſſus. Aprés cela, ſouhaitera-t'on une acceptation plus nette & plus étenduë, & des moïens plus propres pour s'aſſurer d'une obéïſſance ſincere ?

B

C'eſt dans cette vûë que j'ai tâché de concilier l'autorité de vôtre Bulle avec le ſentiment des XXII. Evêques, dont la mémoire eſt encore en veneration dans tout ce Royaume. Je penſois de - même qu'eux, auſſi bien que tous ceux qui regarderent le ſilence reſpectueux comme un moïen propre à appaiſer les eſprits échauffés ſur la nature de la ſoûmiſſion dûë aux déciſions de l'Egliſe touchant les faits non revelés.

Il m'a été impoſſible de me perſuader que V. S. ait eu l'intention que les ennemis de ces Prelats publient, de declarer heretiques par vôtre Bulle tous ceux qui aiant la foi divine pour le droit, ſe ſervirent du ſilence, ou du moins l'approuverent expreſſement ou tacitement, par rapport au ſimple fait. Mon Caractére m'oblige de dire à V. S. dans la conjoncture où je me trouve, que les Sçavans ſont perſuadés que ce fait étant ſeparé du droit, ne ſçauroit être matiere d'hereſie, parce qu'il n'eſt contenu ni dans l'Ecriture, ni dans la Tradition, & que de l'aveu de tout le monde, il n'eſt pas même évident.

J'ai donc crû, T. S. P. qu'en tâchant de montrer que les foudres de vôtre Bulle ne tomboient pas ſur les Evêques qui avoient autoriſé le ſilence, je rendois ſervice à V. S. pouvant mettre dans ce nombre une Aſſemblée generale du Clergé de France, qui a fait imprimer la Lettre des XIX. Evêques au Pape, dans laquelle ils ſe declarerent pour le ſilence, un Cardinal François d'un mérite diſtingué qui eſt encore en vie, & comme je le puis dire avec verité, la plûpart des Evêques de France du tems de Clement I X.

Qui pourroit en effet croire que V. S. eût voulu condamner comme Heretiques ce grand nombre d'Evêques, pour s'être ſervis par un ſincere amour

de la paix, d'un silence qui ne leur paroiſſoit avoir
en ſoi rien de mauvais, & qui eſt de lui-même ſi
propre à la maintenir, que V. S. vient de l'ordonner par ce même principe dans ſon Decret du 25.
Septembre; & cela ſur une matiere touchant laquelle
on eût pû croire que l'un des partis ne ſçauroit jamais trop parler, puiſqu'il combattoit l'Idolâtrie.
Mais ſans ſortir de l'eſpéce même du Janſeniſme,
après la paix de Clement IX. le Roy Trés-Chrétien,
par un effet de ſa prévoïance, ſouhaitant de voir
finir ces diſputes dans ſon Royaume, ne crut-il pas
qu'il ne pouvoit prendre un meilleur moïen pour
rendre cette paix ferme & durable, que d'ordonner
ce même ſilence, par l'Arreſt du 26. Octobre-1668.
où Sa Màjeſté étoit elle-même preſente, en défendant également aux deux partis d'écrire ſur ces matieres, & de ſe traiter d'Heretiques, ni de Janſe-
niſtes, ni de Semipelagiens.

Je ſçais bien que ceux qui veulent que j'aie tort
de quelque façon que ce ſoit, & qui me forcerent
en quelque ſorte à faire mon Mandement, n'y trou-
vant rien de mauvais, ſe retranchent à dire que je
ne devois pas en avoir fait un particulier. Ils vou-
loient qu'étant le ſeul des XXIII. Evêques qui reſté
en vie, j'autoriſaſſe en ne diſant rien dans mon Mandement de ces Prelats défunts, l'aſſurance répanduë
dans le public, que vous nous aviés tous condamnés comme heretiques; & je l'euſſe autôriſée en
effet, ſi je n'avois donné à vôtre Bulle le ſens que je
crois le plus conforme à vos intentions, & le plus
propre à la conſervation de vôtre gloire. On n'eût
pas manqué d'en tirer cette conſéquence, que le
ſilence aiant été regardé par les XXIII. Evêques
comme un expedient pour éviter qu'on décidât la

queſtion de l'infaillibilité de l'Egliſe ſur les faits non
revelés, infaillibilité que nous avions rejettée dans
nos Lettres écrites au Pape & au Roy. Je reconnoiſ-
ſois à preſent cette infaillibilité, & par conſéquent
que nous étions tous condamnés legitimement.

Eſtoit-il juſte, T. S. P. que j'y donnaſſe lieu, &
que j'oubliaſſe l'aſſurance que j'avois donnée aux
Nouveaux Convertis de mon Diocéſe, & ſur laquelle
ils étoient entrés dans l'Egliſe, qu'elle n'exige pas
la même croiance & la même ſoûmiſſion pour la
parole des hommes, que pour celle de Dieu ? En
quoi je ſuis la Doctrine de pluſieurs Cardinaux, & des
autres grands défenſeurs de l'autorité du S. Siege, qui
ſoûtiennent que ſi on ne faiſoit point cette difference,
on ne ſçauroit répondre aux raiſonnemens des Heretiques contre la veritable infaillibilité de l'Egliſe.

Cependant, T. S. P. j'ai declaré dans mon Mandement qu'en attendant que l'Egliſe ait décidé nettement la ſoûmiſſion qu'elle demande, je ne rejettois
aucune ſorte de ſoûmiſſion ſur le fait de Janſenius,
pourvû qu'elle fût inferieure à la foi divine.

J'ai été encore plus loin, en avançant que le ſilence
des XXIII. Evêques étant comme une eſpéce d'abſtraction, n'excluoit point poſitivement même la foi
divine, quoiqu'ils la deſaprouvaſſent, parce qu'il n'y
avoit point encore eu de déciſion de l'Egliſe ſur ce
point ; nous ne nous croions pas en droit de condamner nos Confreres qui penſoient differemment de nous.

Je conviens que pluſieurs perſonnes de deux partis
éclairées à la verité, mais paſſionnés, m'ont blâmé
de cette condeſcendance, & que ceux qui veulent
trouver quelque contradiction ou ambiguité dans mon
Mandement, la veulent fonder là-deſſus ; mais c'eſt
l'amour de la paix qui m'y a conduit, je n'ai eu

garde de la perdre de vûë, ne pouvant oublier l'honneur que le S. Pape Innocent XI. me fit, de me témoigner par sa Réponse qu'il desiroit non seulement de conserver la paix qui avoit été faite, mais encore de mettre fin à toutes les questions qui venoient d'agiter l'Eglise sur cette matiere ; ce que les conjonctures des affaires de ce tems-là ne lui permirent pas.

V. S. auroit à present bien plus de facilité, ces matieres s'étant depuis éclaircies peu-à-peu, & presque toutes les difficultés se réduisant à declarer quelle est la soûmission dûë aux décisions de l'Eglise sur les faits non revelés, car personne ne doute plus de l'hereticité des V. Propositions ; ce qui est si certain, que loin que quelqu'un ose les soûtenir, un chacun se fait gloire de les combattre ; & si quelque Ecrivain donne lieu par hazard, plûtôt que de dessein formé, dans les Livres de Morale ou de Pieté, qu'on l'accuse de favoriser quelqu'une des V. Propositions, il s'en offense & s'en plaint comme d'un crime qu'on lui impute ; & il explique, change & supprime même des phrases entieres de ses Ecrits, pour fermer entierement la bouche à la calomnie : ce qui vous doit donner une grande consolation, voiant qu'il n'y a plus d'heretiques Jansenistes.

Quant à l'attribution des cinq erreurs au Livre de Jansenius, tout le monde paroît convenir qu'elles y sont, ou du moins personne ne contredit les Bulles, tous sans exception s'y soûmettent : ainsi il n'est plus question que de la nature de la soûmission dûë à la décision de ce fait.

Voici, T. S. P. en peu de mots les chefs des opinions differentes, & sur lesquelles V. S. n'a qu'à parler, & toute cette affaire sera finie.

Mr. de Marca Archevêque de Paris soûtenant que

la queſtion du droit & celle du fait étoient inſepa-
rables, demandoit la foi divine pour l'un & pour
l'autre.

Mr. de Perefixe ſon Succeſſeur condamna d'igno-
rance ou de malice ceux qui imputoient cette Doctrine à l'Egliſe, & declara qu'une foi qu'il appelloit
humaine ou Eccleſiaſtique, étoit ſuffiſante.

Mr. de Tournay vouloit qu'on ſe ſoûmît, ſans
entrer dans aucune diſcuſſion, & qu'on ſignât le
Formulaire; & il entra enſuite dans le ſentiment des
XXIII. Evêques, au nombre deſquels il étoit, &
moi auſſi.

Les XXIII. Evêques, & tous ceux qui concouru-
rent à l'accommodement, avec Mr. de Perefixe &
Mr. de Harlay, pour lors Archevêque de Roüen,
& depuis Archevêque de Paris, ſe ſervirent du ſilence
reſpectueux, comme d'une ſoûmiſſion ſuffiſante, par
rapport au fait, la déciſion ſur le droit étant dés ce
tems - là également reconnuë de tout le monde
comme de foi divine.

Mr. l'Archevêque de Rheims regardoit comme
une choſe ridicule, qu'on pût faire croire par autorité humaine un fait non revelé.

Mr. l'Archevêque de Cambray paroît rencherir ſur
le ſentiment de Mr. de Marca en faveur de la foi
divine; à la verité il ne tranche pas le mot, mais
ſes adverſaires ſoûtiennent fortement qu'il admet ce
qu'il ſignifie; & ce n'eſt pas une petite conteſtation
entre ce Prelat & eux. Quoiqu'il en ſoit, ces derniers ne doutent point que l'autre ne regarde l'infaillibilité de l'Egliſe ſur ces ſortes de faits, & même
ſur celui de Janſenius, comme une verité revélée;
enfin, après avoir examiné cette queſtion avec beau-
coup de ſubtilité, ils prétendent que cet Archevêque

regarde comme un veritable point de droit , ce qu'on appelle communément le fait , & qu'il ne distingue l'un de l'autre , que comme un texte long d'un texte court.

Il y a eu quelques autres Evêques qui n'ont pas fait difficulté de reconnoître avec Mr. de Cambray l'infaillibilité de l'Eglise sur les faits ; mais il n'a pas manqué de s'élever de semblables contestations , tant sur cette infaillibilité sur les simples faits , que sur la foi divine à cet égard.

Mr. l'Evêque de Chartres ne voulant pas dire nettement qu'on doive la foi divine aux décisions sur les faits non revelés : on croit néanmoins communément qu'il suppose dans son Ordonnance que l'Eglise en décide infailliblement , & il paroît assurer en plus d'un endroit, qu'aprés sa définition on ne peut plus separer le fait & le droit : en telle sorte que ses adversaires sont persuadés que d'une part il est d'accord avec Mr. de Marca , au nom prés , & que de l'autre on ne sçauroit approcher plus qu'il fait du sentiment de Mr. l'Archevêque de Cambray.

Mr. le Cardinal de Noailles Archevêque de Paris veut une soûmission interieure. Je ne dis rien du sentiment de ceux qui n'ont pas craint d'attribuer au Chef de l'Eglise la même infaillibilité que J. C. a euë, tant sur la Doctrine, que sur les faits non revelés. Je m'assure que V. S. a trop d'horreur d'une telle comparaison, pour avoir à lui proposer ici cette opinion avec les autres ; elle ne laisse pourtant pas d'avoir ses défenseurs, ce qui cause bien du trouble.

En mon particulier, j'ai toûjours crû qu'il falloit avoir une soûmission interieure , même pour la décision du simple fait , sans entrer néanmoins dans la nature de la soûmission , & c'est ce que j'ai appellé une abstraction.

Avant la derniere Bulle, j'ai crû avec les XXII. Evêques trouver ces conditions dans le silence reſpectueux. Depuis ce tems-là j'ai parlé autrement, & je l'ai regardé comme inſuffiſant dans le ſens de vôtre Bulle.

Je cherche, T. S. P. de quel pretexte on peut s'être ſervi pour me rendre odieux au S. Siege, & m'attirer un Bref tel qu'eſt celui dont je me plains. Seroit-ce de ce que j'ai avancé, que je ſouhaitois qu'on laiſſât à la diſpute des Docteurs la nature de la ſoûmiſſion dûë aux déciſions ſur les faits non revelés, pourvû qu'elle fût interieure? Ce qui étant commé une eſpéce d'abſtraction de toutes les difficultés qu'on a formées ſur cette matiere, pourroit réünir les eſprits, & ne ſeroit pas néanmoins une nouveauté dans l'Egliſe. Seroit-ce d'avoir enſeigné, pour calmer les conſciences délicates qui craignoient de mentir en atteſtant & en ſouſcrivant le fait, quoique la ſouſcription en fût propoſée par l'Egliſe, qu'il étoit bien juſte d'avoir du moins pour ſes déciſions ſur les faits, la ſoûmiſſion que S. Auguſtin demande qu'on ait pour le témoignage des gens dignes de foi, que ce Pere regarde comme plus aſſuré, que celui de nos ſens, toûjours ſujets à nous tromper? ce moïen me paroiſſoit propre à les mettre à couvert de toute crainte du menſonge & de parjure, puiſqu'on affirme ſimplement ce que l'on croit. J'ai donné à mon Clergé les preuves au long de tout ceci, priſes de S. Auguſtin en 15. de ſes Ouvrages, de S. Thomas, de l'Uſage de l'Egliſe Univerſelle dans l'Adminiſtration des ſept Sacremens, de ſon Culte & du droit Canonique.

Aprés cette explication ſi nette de mes ſentimens, je ne puis, T. S. P. que ſuivre les traces de nos Conciles & de nos Predeceſſeurs, & vous demander le plus reſpectueuſement & le plus inſtamment qu'il m'eſt
poſſible

poſſible, en qualité d'un des plus anciens Evêques du monde, tant pour moi que pour mon Diocéſe, & j'oſe dire pour tous ceux qui aiment la paix, qu'il vous plaiſe de nous tirer par vôtre déciſion de l'état de trouble & de confuſion où cette diverſité d'opinions nous a mis, & qui nous expoſe aux railleries des Heretiques. Tout mon Clergé & moi vous ſupplions donc de nous faire la grace de parler, & de décider nettement.

1. En interpretant vôtre Bulle, *Vineam Domini Sabaoth* : Sçavoir, ſi les foudres tomberoient auſſi bien ſur ceux qui nieroient abſolument, ou qui au moins ne croiroient pas de foi divine que les V. fameuſes Propoſitions de Janſénius fuſſent effectivement dans ſon Livre, que ſur ceux qui ne feroient pas difficulté de ſoûtenir encore aujourd'hui qu'elles ſont Catholiques. Ce que je ne dis pas néanmoins pour faire entendre que ſelon moi ceux qui nieroient le fait aprés la définition de l'Egliſe, ne feroient coupables ni de deſobéïſſance, ni de ſchiſme, ni de ſuſpicion d'hereſie.

2. Si vous voulés que tous ceux qui dans la vûë de donner la paix à l'Egliſe, ſe ſont ſervis, ou qui ont approuvé directement ou indirectement le ſilence reſpectueux pour le fait ſeparé du droit, avant que V. S. ſe fût expliquée par ſa Bulle, ſoient regardés & traités comme Heretiques ou Schiſmatiques.

3. Si nous ſommes coupables d'Hereſie ou de Schiſme, de ne pas croire également de foi divine les déciſions de l'Egliſe qui ſont contenuës dans la parole de Dieu, & celles qui ne le ſont pas.

4. Si je ſuis coupable de n'avoir point voulu déterminer de moi-même la nature de la ſoûmiſſion dûë aux faits non revelés, & de m'être contenté

C

qu'elle fût intérieure, sans entrer dans la différence des soumissions, jusques à ce que l'Eglise s'expliquât là-dessus.

5. Si je suis coupable d'avoir parlé selon la Doctrine de l'Eglise de France, par rapport à l'autorité que les Evêques ont de declarer leurs sentimens sur les questions qui regardent la-Religion de J. C. si c'est ce que j'ai dit sur ce point & sur les libertés de l'Eglise Gallicane dans mon Mandement & dans mes Lettres, qui a porté V. S. à les condamner.

Je vous supplie enfin, T. S. P, avec un veritable respect filial, & avec toute l'instance possible, qu'il vous plaise de me declarer ce qu'elle trouve à dire à ma Doctrine, afin que je puisse ou corriger ce qu'il y aura de mauvais, ou expliquer ce qui pourroit paroître n'être pas assés clair : ce que je ferai d'une maniere si nette, qu'il ne restera à qui que ce soit le moindre sujet de douter de la sincerité de ma foi.

Que si aprés la discussion de ma Doctrine, V. S. trouve que je ne merite point d'être traité d'Heretique, ni de Schismatique, ni de seditieux, comme parle le Bref, j'ose esperer que vous me rendrés la même justice que plusieurs de vos Predecesseurs ont renduë à d'autres Evêques dans des cas bien moins importans que celui dont il s'agit.

Que si pour des raisons qui me sont inconnuës, V. S. jugeoit à propos de ne point parler sur toute cette affaire, je la supplie trés-humblement d'agréer que son silence soit regardé comme un témoignage tacite de mon innocence & de ma saine Doctrine.

Cependant en faisant la définition que je demande, V. S. fera cesser une division qui n'a duré que trop long-tems, ou par le défaut d'une décision formelle & nette, ou peut-être par le desir qu'ont certaines perfonnes que cette affaire ne finiffe point. Je pris la liberté d'en écrire autrefois une longue Lettre au S. Pape Innocent XI. dont je vous ai déja parlé ; lequel loin de le trouver mauvais ; m'en témoigna de la reconnoiffance en des termes dont je me reconnois fort indigne. Si V. S. y veut jetter les yeux, elle pourra voir qu'on avoit alors dans vôtre Cour des idées de moi bien differentes de celles qu'on y a prefentement. Je ne fçais point d'où vient ce changement ; mais je puis bien vous affurer qu'il ne vient pas de moi, mon cœur aiant pour la Chaire de S. Pierre la même affection, le même amour & la même obéiffance qu'il a toûjours euë ; & pour Vôtre Sainteté qui y eft affife avec tant de gloire & tant de mérites pour le plus grand bien de l'Eglife, un refpect tout-à-fait femblable, & une profonde veneration. Ce font les fentimens que confervera & nourrira précieufement dans fon cœur à la vie & à la mort,

TRES-SAINT PERE,

De Vôtre Sainteté,

Le trés-humble & trés-obéiffant
Serviteur & Fils,

✝ PIERRE-JEAN-FRANCOIS,
Evêque de S. Pons de Thomieres.

A S. Pons ce 2. Mars 1711.

L A Lettre ci - deſſus adreſſée à N. S. P. le Pape,
aiant été lûë dans le Sinode de S. Pons , aprés
avoir été communiquée à la plus grande partie de
ceux qui le compoſent, l'Aſſemblée a déliberé qu'elle
feroit ſignée par tout le Clergé , pour être envoiée
à Sa Sainteté comme une marque de l'unité de leur
Doctrine avec leur Evêque , & de leur obéiſſance
pour le S. Siege.

P IERRE - JEAN - FRANCOÏS, Evêque
de S. Pons de Thomieres.

Miramont, Vicaire General.

De Bouſquat de S. Rome , Chanoine & Doïen du
Chapitre.

Requirant, Chanoine & Sindic du Chapitre.

Laporte, Promoteur.

Mathieu, Prieur de S. Julien.

H. de Monkduſer, Recteur de Felines , & Sindic du
Clergé du Diocéſe de S. Pons de Thomieres.

J. Vies, Curé de Liviniere.

Michel Lalande, Prêtre, Curé de Siran.

André, Prieur d'Olonzac.

André, Archiprêtre de S. Pons.

J. B. Peyruſſe, Recteur de Ceſſeras.

Vintrou , Recteur d'Aigne.

Senadier, Prieur de Beaufort.

Azemar, Curé de la Baſtide.

Raynaud, Prêtre & Curé des Verreries.

Jean - Pierre Hautefage, Prêtre.

Caſtan, Prêtre, Curé de Montouliers.

Cauquil, Curé d'Oupian.

Rabois, Prêtre.

L'Uſés, Curé.

Roſier, Vicaire.

Ayral Delboudy, Vicaire.

Enjalbert, Vicaire.

Caſſagne, Prêtre - Vicaire.

Eſtienne Robert, Prêtre & Curé de Belieux?

La Caſe, Prêtre.

Cantagrel, Prêtre.

Sambaile, Prêtre, Docteur en Theologie.

J. Vergnes, Curé de la Caunette.

Guillaume Caſenave, Vicaire perpetuel de Minerve.

Gabriël Roux, Prêtre.

Cavalier, Prêtre.

Galut, Prêtre.

Camplong, Curé de l'Egliſe de S. Pierre d'Agel.

Sicard, Prêtre, Curé de Villespaſſans.

Ladet, Curé d'Aſſignan.

Louis Bonhomme, Curé de Cruzy.

Laurens de Clerc, Prêtre.

Pierre Plaſſe, Curé de Cebazan.

Jacques Lagriffoul, Prêtre.

Joſeph Giſard, Prêtre, Curé de Ceſſenon.

Batut, Prêtre de l'Egliſe de Ste. Marguerite de Prades.

Antoine Mercadier, Prêtre de l'Egliſe de S. Michel
    du Berlou.

Bernard Diffre, Curé de Ferrieres.

Jean Singlard, Prêtre de Pierreruë.

Amans Pradal, Bachelier en Theologie, Curé de
    S. Chinian.

Jacques Limagne, Prêtre, Prébandier de l'Egliſe
    Cathedrale de S. Pons.

J. Saleilhes, Prêtre, Prébandier de l'Egliſe Cathe-
    drale de S. Pons.

Laurent Azais, Prêtre, Prébandier de l'Egliſe Cathe-
    drale de S. Pons.

Bernard Bouiſſe, Prêtre.

Joſeph Airal, Prêtre & Prébandier de S. Pons.

Jean Grés, Prêtre.

François Marcoüire, Curé de la Salvetat.

Antoine Dupuy, Curé de Riols.

Alexis de Lavit, Curé de Premian.

Antoine Savi, Curé de S. Vincent d'Olargues.

François Serres, Prêtre & Secondaire de S. Vincent.

Jean-Baptiſte Paris, Curé d'Olargues.

Antoine Bas, Prêtre.

Pierre Dumas, Prieur de S. Julien d'Olargues.

Jean Sabathié, Bachelier en Theologie, Prieur de
    S. Martin de Lairçon.

Antoine Jamme, Prieur de l'Eſpinouſe.

Jean-Pierre Montal, Recteur de l'Egliſe de Fraiſſe.

Pierre Lagriffoul, Vicaire de la Salvetat.

Charles Montal, Bachelier en Theologie, Curé de
    Ste. Magdeleine de la Grange.

Jean-François Caſtanier, Recteur de l'Egliſe d'Angles.

Paul Pujos, Recteur de l'Egliſe du Soulié.

Bertrand Martin, Vicaire de Courniou.

Jean-Pierre Cartera, Vicaire de S. Martin de Jaur
    de S. Pons.

Antoine Mazars, Prêtre.

Nicolas Combes, Prêtre.

J. Teiſſeire, Prêtre de l'Egliſe de Pardeillan.

✝ PIERRE-JEAN-FRANÇOIS, Evêque
    de S. Pons de Thomieres.